DER VOGELANBETER

...oder was sonst so, da so läuft für Zauberzeug...

-

Jack B. Smith

„Was kann ich schon tun? Ich bin nur ein Mensch..."
„Du bist aber nicht nur ein Mensch."

Bibliografische Information der Deutschen Nationalbibliothek:
Die Deutsche Nationalbibliothek verzeichnet diese Publikation in
der Deutschen Nationalbibliografie; detaillierte bibliografische Daten
sind im Internet über http://dnb.dnb.de abrufbar.

Herstellung und Verlag: BoD – Books on Demand, Norderstedt
ISBN: 9783752878479

Jeder Mensch
ist eine
eigene Kultur

-

Ich bin lieber mit Anlauf anders, als mit Gewalt gleich.

-

„ICH WÜRDE MICH NICHT WUNDERN WENN HEUTE DER YETI UND DAS MONSTER VON LOCH NESS BEI MIR KLINGELN, MICH ZUM KAFFEE EINLADEN. DA MÜSST ICH ABER WIEDER ABSAGEN, WEIL DIE SCHON WIEDER KEINE MILCH ZUHAUSE HABEN."

-

„Musst du um die Kurve fahren, jetzt ist mir ganz schlecht!"
„Ja...„ sagte das Leben zu mir"
weil es geradeaus gegen die Wand gegangen wäre."

-

„Was machst du da schon wieder?!"
Ähm, das weiß ich selber noch nicht zu hundert Prozent.
Ich fange halt an und Improvisiere mich dann meistens durch. Spezifische unspezifische Dinge aus nicht näher beschreibbaren Gedankengängen.

-

„Der dreht alles Schlimmste um 180 Grad und legt's dann zum Besten aus, und wertet mich damit immer mehr in seiner Welt auf. Was soll das? Wie werde ich den wieder los?"
Mich loswerden? Wird schwer.
Hab noch nicht mal angefangen...

Du bist das wärmste Schicksal,
dass ich je gekannt.
Der Herze Blume wächst an jedem
Moment an dem Du bist.
Füllt aus bodenlosen Krügen leere.
Und befiehlt allen Tönen, die schreiend
im Schmerz meiner Seele wohnen,
schweigen.
Balsam dein Blick, dein Lächeln dringt wie
heiliges Licht tief in mich,
und lässt mich alles vergessen was war.
Du bist immer bei mir.
Du tust mir gut.
Ich Liebe und glaube an dich

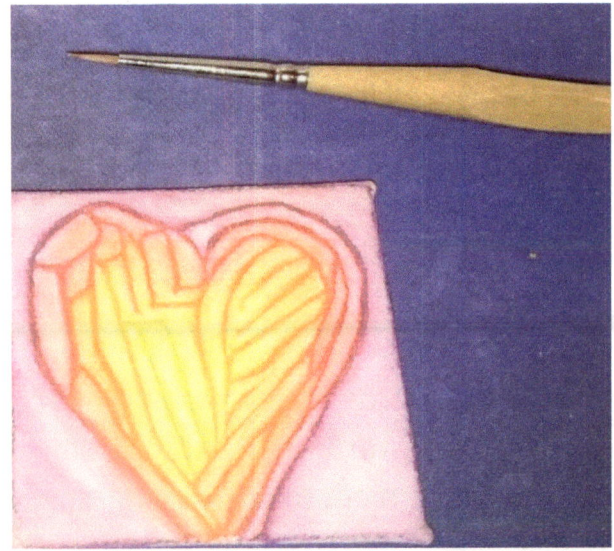

**Wenn die Zukunft mit der Vergangenheit spricht,
kommt der Moment an dem
die Gegenwart weiß über was sie spricht.**

-

„Ich wünschte ich könnte so lieben wie du liebst." „Das würde dich zerstören und den Menschen den du liebst, weil es für euch beide zu viel wäre."

-

Sag einer Frau oder einem Mann das du sie/ihn liebst und dann Pass auf was sie mit dem Messer macht das du ihr gerade gegeben hast. Blutest du, dann geh.

-

**Aus Höhe sing hinab.
Aus aller Tiefe brodle.
Pfeiff' mir ein Lied wie heißer Sand
Schleiff' an mir und schärfe mich,
wie Allzuvor.
Härte mich aus deinem Schein.**

-

Ich zu Ihr "Du weißt ja, was du tun musst..."
Sie zu mir "*Nein, ich werde dich nicht heiraten!*"
Ich zu Ihr "Du musst das schon richtig sagen!
Du wirst mich NOCH nicht heiraten."

-

Und, machen wir weiter wie bisher? Du erklärst die Gesetze der Logik und Vernunft zu etwas das auf absoluten Abstraktivismus und totalitären Dadaismus beruht, während ich versuche nicht laut wahnsinnig Lachend in einen Gartenhäcksler zu springen?
Oder versuchen wir mal was Neues...

Es gab einmal ein Haus. Dort wohnten Tiere die man täglich schlachtete an ihren Herzen und ihren Seelen. Sie wurden krank gemacht vom Leben das sie hatten. Von den Umständen und von den Metzgern. Sie wurden traurig, böse oder anders krank. Sie streckten ihre Füße in die Luft, aber sie merkten den Schmerz nach all der Zeit nicht mehr. Dann kam ein einsames anderes Tierwesen in dieses Haus, der gab einem einen Namen. Und es wurde zum Menschen. Es konnte nun nicht mehr geschlachtet werden und sie fuhren gemeinsam fort. Gleich an welchen Ort sie waren zusammen Zuhause. Ineinander Menschen und ihr Leben lang keine Tiere mehr.

-

Schwestern der Magdalena
In seidenen Mariengewand.
Durchbohrt dein flammend heilig Mutterherz,
mit sieben Schwertern Grausamkeit.
Das uralt gebrochen Herz scheint durch
des rostigen Klingens Antlitz strahlend
in die Welt, sie zu heiligen.
Um Mutter zu sein
für Söhne die kein Vater wollte.
Um Liebe zu geben für die, die sie nicht
kannten,
geben kannten, ewig suchend wussten,
an der Welt nicht fanden.
Heilige nicht die eine die euch gerettet,
der höchste heiligste Vater heilige sie alle.
Denkt daran das es eine gab die euch
das Leben und Zukunft gab
in diesem Meer der blutigen Tränen Schmerz.
Fragt nicht, sagt nicht schweigt.
Denn ihr wisst nicht...

Man sitzt dann dann so und denkt sich „Ich hab mich doch gerade hingesetzt, eigentlich könnt ich mich aber auch hinlegen." Und während man das so denkt, huldigen die umstehenden einem Geflügeldämon, tanzend in spastisch besessenen gleichen Feixtänzen. Im selben Moment versucht man jedoch eine Gollumgleiche (durch den Bacchusnektar erhitzte) abzuwehren und versucht aufs neue den Genuss derselben gefühlsabtötender Stoffe jeglicher Art und Form zwanghaft einzuschränken. Im nächsten Moment hört man es in Mark und Beine erschütternd bröckeln, verursacht von Jerichos-posaunen, die den Auftritt der beiden Zeremonienmeister verheißen. Selbige blind und taub dir gegenüber gewordener Wesenheiten, die aus der Seelenhölle Schränke Folterinstrumente beschwören und Dich noch nie dar gewesen bis auf Mark und bleichstes Bein innerlich zerr-schinden. Beim Versuch zu Fliehen, um nicht im Labyrinth aus Wahngefühl und Fieberwahn der Gesellschaft irgendeinem gehörnten Untier das darin wohnt Anheim zu fallen, kommt aus anderen Sphären ein garstig Kobold wie Thorshammer auf dich herabgefahren und stampft dich in Grund und Boden. Man sitzt gefesselt da, innerlich in unauslotbare Tiefen versinkend, fliegt mit giftgem Atem und Giftstachelnbestztem Gewand einer der Zeremonienmeister dir zur Seite und fragt an wann es denn bei mir soweit sei. In dem Momenten klingelt ein kleines Glöckchen bei mir im Kopfe und ich Antworte ihm „...Bald..."oder wie ich es auch nenne... als Single mit Familienwunsch auf einer Hochzeit mit schwangerer Braut.

-

„...du könntest natürlich auch ein ultimatives Zeichen setzen. Zum Beispiel, dich am 14. Februar mit Kondomen in der Stadt der Liebe am Eiffelturm erhängen.
Dann hast du dich am Tag der Liebe, in Paris mit Parisern an einem Phallussymbol erhängt..."

Neulich bei der Psychiatrieentlassung, die eine so zur anderen - „...ach du bist die Uschi wegen der mich mein Mann verlassen hat?! Hey Cool, wir müssen unbedingt mal einen Kaffee trinken gehen!"

-

Diese Welt ist nicht Rosa oder Bunt. Und die die so heilig tun sind es am allerwenigsten. Ich bin ein Mensch, also bist auch du einer für mich und sieh mich als einen.

-

Es wird dich der belügen der einen Grund dazu hat. Einen positiven oder negativen

-

Meine Kinder.
Heute bete ich wieder zu euch.
Ich bete um eure Hilfe. Um den Schein am Himmel.
Um heiliges heilendes Wunder.
Um einen Funken meiner Phönixseele in ihr.
Wir sind verbunden, sie in mir und ich in ihr.
Lasst sie diesen Funken sehen

-

Einst sprach mein Lehrer zu mir: "Mein Schüler, es wird dir einmal leichter fallen die Welt zu retten, als in ihr die Liebe zu finden die du suchst. Doch du wirst das eine brauchen um das andere zu tun."

-

„Wenn die die sich für meine Feinde halten wüssten zu was ich fähig bin, würden sie umkehren." „Nein mein Schüler, wenn sie es wüssten zu was du alles fähig sein wirst, hätten sie den Weg gar nicht erst eingeschlagen."

-

Achte Leben und Tod

Man kann meine Arbeit kaufen aber nie meine Seele oder mein Herz. Die beiden sind unverkäuflich und unbestechlich. Es gibt immer einen Teil in mir, den man nicht täuschen oder belügen kann. Und daher weiß ich immer mehr als ich sage.

-

Wenn ich schreibe, bin ich Schriftsteller
Wenn ich male, bin ich Maler
Wenn ich bei meinen Kindern bin, bin ich Vater
Wenn ich bei meiner Frau bin, bin ich ihr Mann
Wenn ich bei meinen Geschwistern bin,
bin ich Bruder
Wenn der Wind bläst, bin ich der Sturm
Wenn die vier Reiten,
bin ich jeder von ihnen in einem
Wenn Krieg ist, bin ich der Krieg
Wenn ich auf dem Schlachtfeld stehe, bin ich Krieger
Wenn ich Menschen die ich liebe in Not sehe,
helfe ich so gut ich kann
Wenn ich jemanden bei mir habe
der Schutz braucht,
bin ich die uneinnehmbare Burg.
Wenn ich im Himmel bin fragt mich Gott um Rat
Wen ich in der Hölle bin,
fleht der Teufel und bietet mir seinen Thron an.
Wenn ich Schmerzen leide, bin ich der Schmerz

-

Wen man das Ergebnis kennt, also das Ziel seines Weges absolut und unverrückbar feststeht , führt nicht ein Weg dorthin sondern alle. Und damit meine ich nicht irgendwelche Halbwahrheiten, sondern das Schicksal. Wenn etwas das Schicksal eines Menschen ist, dann kann er sich auf den Kopf stellen und er bekommt es geliefert. Jeder Partner im Leben ist ein Lebenspartner oder ein Lebensabschnittspartner. Eine Prüfung, eine Schmiede, ein Geschenk oder was auch immer. Aber glaubt nicht das irgendetwas zufällig passiert.

Was macht man denn da?
Keine Ahnung.
Ich glaub ich muss mal wieder improvisieren!

-

Mit den Dingen mit denen ich in mir zu tun habe, gehe ich oft verloren. Und ich suche nach mir und sehe mich dann oft dort sitzen und mich fragen wo ich solange war. Einsamkeit überkommt einen wie ein Tsunami. Plötzlich ist sie wieder da. Man sitzt da. Ein Teil kann nicht mehr alleine sein, ein anderer Teil will es sein um jeden Preis. Diese beiden Teile in mir streiten sich und lassen mein Herz unwägbar zurück. Wie die Wellen des weiten Meeres schwingen die beiden Platten hin und her. Sie stehen nicht fest. Wegen der Angst die ich habe. Weil ich mein Leben zu gut kenne. Ich muss darauf Vertrauen das alles gut wird. Und kenne andere Sachen zu gut. Wohin läuft das alles wirklich hinaus? Ich werde immer einsam sein. Den letzten Zweifel an alledem da draußen kann mir niemand nehmen. Nicht sie und auch ich kann diesen Punkt nicht finden.

-

„Lösbare Probleme?! Huch wo kommen die den her".

-

Wer ist der einsamste Mensch im gesamten Königreich und warum ist er es auch nicht?

-

Ein Mensch der nicht zu seinen Gefühlen steht,
ist kein Mensch.
Ein Gefühl das nicht beim Menschen bleibt,
gehört nicht zu ihm.

Mein Lehrer sagte einmal zu mir „All das wird einmal Dir gehören. Das was du siehst, und das was du nicht siehst. Die Herzen der Menschen. Ihr Hass und ihre Liebe. Ihre Vergangenheit und ihre Zukunft. Jeder Schatz, gleich wie Golden. Jedes Schloss, gleich wie Prachtvoll. Jedes Haus, jeder Stein. Was sagst du?" „Ich will nichts davon, ich will frei sein." „Dann gehört es dir wirklich und du hast den besten Grund, das was wirklich von Wert ist mit allem was du bist, hast und weißt, mit deiner ganzen Kraft zu schützen und zu verteidigen."

-

Wir kennen alle das klassische Bild aus der psychiatrischen Welt von den Typen die behaupten Napoléon zu sein. Aber was wäre wenn der echte Napoléon durch irgendwelche Umstände in unsere Zeit kommen würde. Die Aufgabe der Psychiatrie ist es nicht, jemanden zu erklären was er nicht ist, sondern ihm zu erklären was es wirklich ist. Dem Menschen sein wahres Selbst und seine Möglichkeiten dadurch aufzuzeigen. Heißt, jemanden der für sich Napoleon hält, klarzumachen das er kein Bauer ist, sondern in Wahrheit König Ludwig.

-

Es gibt Stürme auf der Welt, Kriege, Erdbeben, Vulkanausbrüche und all die Naturgewalten und Katastrophen. Unberechenbare Dinge deren Wirkung unabsehbar und absolut unberechenbar sind. Alle diese werden aber von einer einzigen zu einem Dasein als Staub verdammt, und das ist das Schicksal.

-

Wenn ich diesen Traum träumen würde, welchen Teil davon würdest du und alles was du hast, bist und kannst ausmachen?

Meine Reiche waren mir bekannt
Waren weit und heiß mal kalt
Thronte über ihnen
wie es mir die Einsamkeit gewiesen
War König und auch Ewigkeiten Kaiser hier
Vor ihr Strahlte ich
So meinte ich

Doch wie Leer war ich und wie verloren
das hast du mir gezeigt als ich fiel in dich hinein
nur ein Wimpernschlag und ich stürzte
Schlug in wärmster Wonne in uns auf

Hast dich in mich gemauert
Dein Sonnenlicht strahlt
seitdem bei allem was ich tu
bei Kälte und auch Hitze
Bei hellster Nacht in meinem Leben
wie auch bei finsterstem Tagesschein

Bist mir viel zu Nah und doch gerade viel zu fern
Ich spüre du bist nie weg aus mir
Du bist geblieben und wärmst mich
heilst mein Leben und mein Herz

bist Balsam allem was ich weiß und kenne
Wirkst mühelos die größte Hoffnung
Meine Geschichte hat ein gutes Ende
wegen dieser einen Tür
die du an diesem Tag hast aufgetan
Du mein wärmstes Schicksal
Du bist immer bei mir

Die Ewigkeit durchfloss sein heiliges Meer. Die Endlichkeit zog sich durch seine Welten in denen er thronte. Glänzend heilig, segnet er den Garten der Äonen. Von Dort nach dorthin. Auf Kreuzzug durch die Meere aus kriechenden und schreienden weißen Walen war er zum Walfänger geworden und ritt seine Beute wie Schlachtrösser. Weißes auftürmen von Wänden aus bleichem. Brechend in den Höhen. Zerstörend in den tiefen die ruhig und unbesehen schlafend sich winden in unwirklichem Wachem Traum. Der Sandmann wirft seine Wüsten auf den Unsehenden. Gott Shiva im Spiegel. Mächtig, Blau und Erhabenheit. Vierarmig und stolz das Universum auswerfend tanzen. Das Außen ist Lüge und das Innere unwahr und nicht fassbar Wirklich. Heilende Wirbeldurchsetzte kriechen an mich und rühren mich in meinem Schloss. Blicke der Altforderen beobachten jeden Schritt aus ihrer Wacht in den kommenden Tagen. Rufen mich und zeigen Warnend mit ihren Fingern in Alle Richtungen die nur der gehen kann der ich gestern noch nicht wahr, doch morgen sein werde. Heute noch nicht bin. Schlachtet nicht mein zerrschundenes Lamm, mein Herz. Ich habe nicht Furcht vor euch ich habe Ehrfurcht vor dem das nicht Lamm ist in mir. In den dunkelsten Tagen Brüllt er. Sein schallen eilt durch alle Zeiten und ist der ewige Ruf. Das Weiße Kreuz ist in meine Seele gebrannt. Dieses verbrannte Fleisch ist für euch ohne Hoffnung und Wirklichkeit. Am Auge das nicht der Wirklichkeit traut, ist das Beste, das es mindestens einen auf der Welt gibt der damit diese Erschafft.

-

Welches Tier muss es sein wenn es Streifen hat?
Kommt drauf an ob man in Afrika ist, oder in Indien.
Oder ob man Schatten von Gras auf etwas
Mythologischem sieht.
Es kommt immer drauf an.

Die Unendlichkeit der Sonnenmeere,
floss durch ihre Augen.
Sie erfüllten ihn mit unendlicher Wärme und Licht das jeden
Schatten in ihm überflutete.
Auch wenn sie nicht um ihn war, gleich wo sie war.
Diese Wärme begleitete ihn durch den Dornenwald seiner
seelischen Labyrinthe.
Auch nur angeritzt sprudelte gleißendes Licht von innen her
und heiligte jeder dieser Stigmata.
Mit geerdetem menschlichem Stolz und wachsender
Heiligkeit trug er jede davon als wäre sie die größte der
Auszeichnungen.
Und von der Personifizierung jeder Schönheit selbst
verliehen.
Das Blut seiner Seele heiligte jeden seiner Schritte und
ebnete ihn hin zu ihr.
Zu ewiger Zweisamkeit, die die zeitlosen Ewigkeiten
durchwebte.
Mit Schwert und Schild standen sie immer da und wachten,
einer vor dem anderen miteinander.
-

Jeder Tag aufs neue das alt Unbekannte. Durch Disteln und Dornen zur heiligen Heimat Platze tretend. Narbenmosaike heiligen meine ewig unwirkliche Seele. Schiebend, ziehend, stützend, tragend, schlagend und peitschend fließen wir durch heilig grimmes Licht. Durch der dornenhagelnd, infernal schimmernd Unwetter. Glänzt ewig scheinend meine von unseren Wächtern gesalbten Stigmata hin zu dir. Unserer Blut segnen die Wege auf denen wir tanzend, stolpernd, fliegend.

Lass uns zusammen schwimmend fliegen.
Durch die Gezeiten Stürme.
Dir entgegen, neben dir, bei dir.
Bis wir erfüllen die endlosen Ozeane.
Wir sind unwirkliche diamantene Ewigkeiten.
Erfüllen das All, die heiligen Weiten.
Das unvergängliche Meeres der Dimensionen.
Erfüllen die letzten Winkel unser unergründlichen Seelen.

-

Die Menschen denken sie würden einen kennen nur weil sie dich ansehen oder deine Bücher lesen. Aber sie wissen nichts von einem, gar nichts. Sie wissen nicht wie einsam ein Mensch sein kann und wie verloren in sich und der Welt. Oder wie sich das alles anfühlt, sein Leben auf diese eine Weise zu leben. Das das leben das man führt nicht das eigene ist sondern ein fremdes. Das man führen muss, noch nicht mal für sich selbst, sondern für alle Menschen. Mein Leben gehört nicht mir, es gehört den Menschen. Diesen kleinen Menschen die zu so großen Dingen fähig sind. Aber sie sind anders, sie sind immer anders. Und du wirst durch dieses anders ein anderer. Das unbesehene Wesen des Andersseins. Unfassbar, unsichtbar und unbegreiflich.Und dann steht dieses etwas vor dir, blickt dich an. Und tief in dich hinein. Und zeigt dir alle Abgründe der Welt nur damit du weißt das du mit deinem eigenen auch die tiefsten auffüllen kannst und noch alle Königreiche unendliche male wiederaufbauen könntest. Und du fällst hinein in diesen Blick und der Fallwind schält dir deine Existenz von deinem Gebein. Reinigt dich bis du weiß strahlendes Skelett bist. Und dann kommt Geröll an dich, die kargen fressenden Felsen an denen du dir alles brichst, schmieden dich neu. Und wenn du am Grund angekommen bist zerspringst du und blendest sie alle mit dem diamantenen Glas zu dem man dich das Anders gemacht hat. Und einer meine unendlichen Scherben erinnert sich, ich habe Anlauf genommen und wurde nicht gestoßen.

-

Komm, Ewigkeit.
Küss mich, meine Seele mein Herz.
Geboren sind wir ineinander.

-

Einst fragte ich: „Gott, wann werde ich die Kraft haben, die ich brauche?", und Gott antwortete: „Wenn du sie brauchst."

-

Sieh nicht das Bild, sieh den Maler.
Liebe nicht das Bild, liebe den Maler.

-

Technik darf unser Leben erleichtern, solange wir das nicht verlernen was uns erleichtert wird.

-

Was weiß das Schwert
von der Hand die es führt?

-

Das eine ist über die Person zu reden, dass andere die Person zu sein über die geredet wird. Das eine ist von einem Menschen etwas zu fordern, dass andere der Mensch zu sein von dem gefordert wird.

-

BIST DU SOLDAT, KRIEGER, RITTER
ODER JÄGER?
WAS BIST DU?

-

"Ich komme mit deinen Haaren nicht klar."
Wer tut das schon! Es dauert nämlich verdammt lang und kostet verdammt viel Energie und erst Geld,
bis einem die Haare so sehr ausfallen...

Du tust mir weh, Du tust mir so gut. Dank dir fasse ich lebendigen Mut. Ich will Dich. Ich brauche Dich. Deine Küsse brennen auf mir. Reinigen und verschlingen mich. Tief in mir bist nur Du. Du sagst ich brauche Dich nicht. Süßer Schmerz. Halt mich. Streichel mich. Wer bist Du, das Du das darfst was Du mit mir tust. Ich kenne Dich wenig und am Besten. Wenn ich mein Leben noch einmal leben würde, ich würde alles noch einmal genauso machen, weil ich weiß, das es zu Dir führt. Du bist mein bodenloser Becher. Lass mich ertrinken in Dir. Wir sind eins. Schwesterchen, Marienkäferchen, mein kleines Mädchen, meine Kaiserin. Sternchen, ich will immer bei dir sein. Bitte gib mir deine Hand, ich will sie für immer halten. Du stichst mich so gut. Du heilst mich, Du schneidest mich. Du wärmst mich und lässt mich gleichermaßen erfrieren. Ich will dich für immer halten, in meinen Armen, in meinem Leben. Du lässt mich leben. Ich bin bei Dir. Bleib da, wo bist Du? Ach da! Bei uns. Und doch... bist du weg. Sag, das du bleibst und ich will dir glauben. Wenn Du bittest, gebe ich Dir. Wenn Du klopfst, öffne ich Dir. Ich bitte Dich, bitte mich. Klopfe an, ich öffne Dir. Du tust mir weh mit dem, was du nicht tust.Und mit dem, was Du tust. Sei groß mein Morgenstern. Höre nie auf anzufangen das zu tun, was du mit mir machst. Sag zu mir was ich schon so oft zu dir sagte:

ICH LIEBE DICH

-

Aber eigentlich ist das Problem mein Herz.
Es ist irgendwie ein riesengroßes,
ich will nicht sagen Ungeheuer,
aber irgendwas stimmt damit definitiv nicht.
Oder vielleicht ist auch zu vieles richtig damit...

-

Als ich das letzte mal alleine unterwegs war, versuchte ich einen Nasenpopel aus dem Auto zu schnipsen. Doch auf wundersame weise vom Fahrtwind getragen, fabrizierte er sich auf meine Stirn. Im Moment des Impaktes musste ich durch unbekannte Geistern durch-wirkt an sie denken, und an ansteckende Tropenkrankheiten...

-

Die Worte auf meinem Grabstein sollen lauten -
„Es war soweit."

-

*Es ist nicht wichtig wie viele dir folgen,
solange du weißt wohin du gehst.*

-

Gott schickt nie das falsche zu falschen Zeit.

-

Will mehr, verlange mehr – von Dir.
Warum ich der bin, der ich bin?
Weil ich immer Wege zu meinem Ziel suche und aufgehört habe Gründe zu finden sie nicht zu erreichen.

-

Du kannst jeden Menschen aus deinem Leben werfen, den du nicht darin haben willst. Aber du kannst niemanden aus deinem Leben werfen, der darin sein soll oder sein muss.

-

ES KANN SEIN DAS ICH DABEI STERBE...
...ABER WER SAGT DAS ICH TOT BLEIBE?

-

Über mich zu Urteilen liegt nicht an den Menschen der Gegenwart, sondern an Gott und der Geschichte. Er hat mich zu einem Zweck in die Welt gebracht und deswegen werde ich auch Teil der Geschichte sein. Trotzdem würde ich jetzt gerne meinen Kaffee weiter trinken, wenn du nichts dagegen hast...

-

„Wie heißt nochmal diese neue verjüngende Gesichtscreme? Re... Re..." „𝕽𝖊𝖖𝖚𝖎𝖊𝖒?"

-

Was ist das erste was du auf eine einsame Insel mitnimmst? - *Dich selbst.*

-

Oft sind es einfach die Momente die in sich verschlossen sind, die einem Menschen zu schaffen machen. Darin vollständig verloren gehen. Aufzugehen im Nichts des Augenblicks. In dieser kleinen Ewigkeit. Oft halten sich darin Unsagbar unwirkliche Dinge auf, die uns mehr von uns selbst zeigen als wir in Worte fassen können.

-

Es gibt Dinge die sind genau so wie man denkt,
andere sind echt ganz anders als wie gedacht.
Meistens muss man das eine von dem ganz andren
Unterscheiden lernen und oft auch fragen wie, was, wo,
warum läuft und so ist wie es ist.
Frage daher mindestens dreimal die Frage
WARUM ZUM GEIER!!!!!!
Bist du nicht an dem Punkt, hast du auch nicht wirklich ein
Leben sondern irgendwie, irgendsowas das man dir als
Leben andrehen will.

-

Es wird dir derjenige die Wahrheit sagen, der keinen Grund hat dich anzulügen. Wenn dir jemand nicht die Wahrheit sagt, kannst du immer noch fragen ob es für ihn eine Wahrheit war/ist oder aus welchen Gründen er das gesagt oder getan hat.

-

Wie kann jemand, einfach nur weil er in meinem Leben ist, gleichzeitig so zu nah und doch so zu unerreichbar sein?

-

Wenn zwei Menschen niemand gezeigt hat wie man liebt, dann vielleicht nur deshalb, weil sie die Liebe neu erfinden sollen.

-

„Du hast meine Ehe zerstört!"
„Wenn das, was auch immer ich gesagt oder getan habe deine Ehe zerstört hat, dann war es keine Ehe sondern eine Zweckgemeinschaft."

-

In all den Tagen und Nächten in denen ich alleine mit mir unterwegs war, habe ich mich niemals so einsam und alleine gefühlt, wie zum Hauptweihnachtsgeschäft in der Fußgängerzone.

-

Ein Mann wird auf einer Afrika Safari von einem Löwen gefressen. Ein anderer ist in einem Zoo in ein Löwengehege gefallen und wird dort ebenfalls von einem Löwen gefressen. Welcher der beiden Männer ist eines natürlichen Todes gestorben? - Beide Männer, weil es in der Natur von Löwen liegt, zu fressen wenn sie Hunger haben.

-

In mir verloren zu gehen, finde ich manchmal sehr erfrischend. Einfach nur das Dasein haben. Den Blick fern, in sich gerichtet. Man wirkt sehr nachdenklich, obwohl man meist weniger als gar nichts denkt.

-

"Herr Bramftl, ich darf sie beruhigen. Ihre Urinprobe war frei von allen Drogenrückständen. Aber ich darf Ihnen gratulieren, sie sind schwanger..."

-

Willst du den wahren Wert von Geld zeigen, verbrenne es.

Ein Großvater erzählte seinem Enkel eine Geschichte aus seinem Leben. „Als ich noch ein junger Mann war, da war Krieg. Und wie andere Junge Männer mussten wir viele Dinge tun, die wir heute bereuen. Wir hatten in vielen Sachen einfach nicht die Wahl. Da war dieser junge Soldat der auf der anderen Seite kämpfte. Er starb wegen mir. Und das arbeitete seitdem in mir, wie viele andere Dinge, die mir während dieser Zeit passiert sind. Als der Krieg vorbei war erfuhr ich das er einen Bruder hatte. Diesen wollte ich suchen und ihn um Vergebung bitten. Ich suchte Jahrzehntelang nach ihm. Und als ich ihn fand, vor seiner Haustür stand, war er am Tag davor gestorben. Wenn du einem Menschen unrecht tust, bitte ihn um Vergebung wenn du deinen Fehler eingesehen hast, denn dann ist es ehrlich. Tut dir ein Mensch unrecht, dann versuche ihn zu verstehen und vergib ihm." Einige Zeit verging und der Großvater starb. Die Familie zog um, weil sie nicht mehr in einer guten Gegend wohnen konnte. Eines Nachts, wurde der Vater des Jungen von bitterlichem weinen eines Kindes aus dem Erdgeschoss geweckt. Er stand auf, ging hinunter, denn es könnte ja seinem Jungen etwas passiert sein. Und das war es auch. Er war Tod. Ein Messer steckte in seiner Brust. Neben ihm lag ein Laib Brot. Neben diesem ein Junge aus dem Armenviertel der dieses aus Hunger offensichtlich stehlen wollte. Er bemerkte den Vater, sagte mit bitterlichem Schluchzen und auf den neben ihn liegenden zeigend „...ich vergebe dir...seine letzten Worte waren...ich vergebe dir..."

Komm Waltraud, trau dich halt in den Traust Wald. Denn dann bist du die Waltraud die sich in den Traust Wald traut, Waltraud

-

Halte Herz, Augen und Seelen offen damit du weißt das du wirklich gegen Drachen kämpfst und nicht gegen Windmühlen.

-

Liebe heilt alles,
die Richtige sogar noch mehr...

-

Dort sitzt du Still und Groß
Blickst mit Lächeln in dich hinein
Schönste Lüge bist du mir
Weil unsere gemeinsame Wahrheit größer, scheint durch alles,
haben wir uns wiedergefunden
In uns wohnten wir schon immer
Fielen wir ineinander in unsere Ewigen Tiefen
Die warteten in Halben
Nun vollkommenste Heimat sind zusammen
Blickst nun, schweigst und weißt
was ich schon immer wusste
musst mir nichts sagen
denn ich weiß, wir sind nun drei...

-

Wenn ihr euch nicht kennt,
der Alkohol stellt euch einander vor.

Waren alle Höllen auch dein Leben
nun stehst du dort und blickst mit Stolz
auf alle dir bekannten Söhne

Hast mir viel geschenkt
hast mir viel genommen
bist mir Fremd doch Altbekannt

Lächelnd siehst du mich an
Doch das ungenannte Alte Dunkle steht in dir
ist für einen viel zu groß
ist es noch viel mehr für Viele

Warst mir Lehrer aus einem Leben das ich nicht
kannte
Warst mir Stimme und auch Hand
Geschwister hast du mir geschenkt
die Besten niemals zu bereuen auch nur einen

Hast kein Alter und hast alle
bist Jung und viel zu Alt in Dir
Stumm bist du über altes Weh
Weil für dich das Glück deiner Kinder Zählt

Hast das schwerste Los
Keiner verstand es der nicht still in dich hörte
unbewertend auf dein Leben blickt
Alle sage du hattest die Wahl
doch das ist zu leicht gesprochen
das weiß der der auf Ungenannte in dir blickt

Der Weg zum Schmidt-Hubermayer:

„Hallo, kurze Frage, wissen sie wie ich von hier am schnellsten zum Schmidt-Hubermayer komme?" „Natürlich, also passen sie auf. Da vorne müssen sie rechts, dann die zweite von links am Dreiparteienmietshaus geradeaus. Vorbei an unserer Baumschule, bis sie zum Kindergarten kommen. Am Kindergarten drehen sie dann um, weil sie eine zu weit sind. Sie hätten am Maibaum rechts abbiegen müssen, also quasi jetzt links von mir aus gesehen. Wenn sie dann die Straße fahren kommt irgendwann eine Boutique, vor dieser ist eine Eisdiele. Da gibt es immer super Erdbeereis mit Sahne, wenn sie eines wollen. Nach der Boutique, fahren sie vor bis zum Kreisverkehr und nehmen dann also die vierte Ausfahrt Richtung Gemeinde. Fahren dann an der Schule vorbei, bis zur Kirche. Wenn sie die zweite an der Kirche vorbei sind, drehen sie um denn an der Kirche hätten sie abbiegen müssen Richtung Schillerweg. Ob der links ist oder rechts müssen sie dann schauen. An selbigen fahren sie dann vorbei bis zur Kantstraße und dann bis zum Schild Freibad. Da fahren sie dann aber die dritte von links, die vierte von rechts und den zweiten Kreisverkehr Richtung Pizzeria geradeaus. Da ist es dann nicht mehr weit bis zu unserem zweiten Kindergarten „Sankt Ignatius". Davor biegen sie aber am Friedhof ab, weil soweit sind wir noch nicht. Biegen quasi Richtung Wald in die Schotterstraße ein bis sie zu einem Forsthaus kommen. Ach der ist aber Momentan gesperrt, dann müssen die beim dritten Kreisverkehr doch nicht links sondern fahren geradeaus über die zweite. Also ganz einfach immer geradeaus und dann links von mir aus und dann sind sie praktisch schon da. „ „Okay danke..." „Ja, kein Problem, gute fahrt und viel Spaß. Sagten sie eigentlich Schmidt-Hubermayer, Schmidthuber, Hubermayer oder Schmidtmayer? Weil..."

Entweder der Erfinder ist ein totaler Depp, oder der Benutzer ein kompletter Vollidiot. Nur die Erfindung ist da, weil sich der Erfinder sich irgendwas dabei gedacht hat. Kombiniere einfach deine Erfahrung, dein Wissen mit deiner Näheren Umgebung. Irgendwas Sinnvolles kommt dann schon irgendwann raus.

-

Es gibt Menschen die werden größer gemacht als sie sind, weil die Menschen in ihnen mehr sehen als sie selbst. Diese Menschen jedoch machen sich selbst kleiner als sie sind, weil sie das nicht sehen was sie für die anderen sind. Helden sind Menschen.

-

In meiner Lehrzeit in einem Sanitärhandel begab es sich, das ein Kunde einmal ein explizites Teil einer Rohrleitung brauchte. Und um dieses ansatzweise in Besitz zu bringen, transportierte ich mich mit dem Kunden zusammen ins Lager. Leider ergab die doch sehr ausführliche Suche keine zufriedenstellenden Ergebnisse. Als wir so überlegten kam mein Chef des Weges, der es zwar etwas eilig hatte, sich aber jedoch kurz Zeit nahm. Der Kunde erklärte ihm in einer guten halben Stunde bis ins letzte Detail was für eine Konstellation er genau brauchte. Mein Chef, der das alles irgendwie vergraben in sein Schreibbrett mit anhörte, gab keinen einzigen Laut von sich und starrte ernsten Blickes die ganze Zeit auf das Brett. Nach dieser doch sehr ausführlichen Ansprache des Kunden, schloss dieser mit den Worten „...und oben drauf dann so einen Deckel." Und da gab mein Chef das einzige merkliche Lebenszeichen in der gesamten halben Stunde von sich und sagte ernst blickend „Deckel!"

-

Aus perfekt kombinierbarem Quatsch, kann man meist ganz sinnvolle Sachen machen.

Ihr kennt das vielleicht nicht, deshalb erzähle ich es euch. Ich wurde gestern gefragt ob ich jemanden wiedererkenne der vor mehr als zwanzig Jahren aus meinem Ort weggezogen ist. Also nein, irgendwie nicht direkt. Und auch nicht indirekt. Vor einigen Jahren kannte ich meine Schulfreunde nicht mehr, mit denen ich über mehr als zehn Jahren, fast täglich zu tun hatte. (Falsche medikamentöse Behandlung, deshalb Gedächtnislücken) Und ich soll jemanden kenne der vor über zwanzig Jahren weggezogen ist. Manchmal frage ich mich...

-

Die größte Gefahr für eine Frau, die nicht weiß was sie an ihrem Mann hat, ist die Frau die weiß was sie an ihm hätte.

-

„Du hast Steinschläge in der Windschutzscheibe!"
-"Weiß ich. Wenn man die Punkte verbindet, soll mal ein Hase draus werden. Beim Meerschweinchen bin ich schon..."

-

Es gibt eine Meinung der anderen über mich.
Es gibt meine Meinung über die anderen.
Aber ich selbst bestimme welcher Meinung ich folge,
welche mir meinen Frieden gibt,
und welche ich über mich selbst habe.

-

„Sind sie Steuerprüfer?" fragte mich ein Mann, als er mich mich meine Mappe zum überarbeiten in einen hier nicht näher anzuführenden Betrieb tragen sah. „Nein, ich bin der, dessen Leben sich alle Steuerprüfer der Welt wünschen."

-

Können Schweine fliegen?
Ja, dank Dynamit sogar Mühelos in alle Richtungen.

Blaulicht und ich denke mir -Weihnachten.

„Sie wissen warum wir sie Anhalten?"

„Ich denke über teilmonadische Quantenstochastische Systeme in meinem metaphysisch solipsistischen Weltbild nach, daher ist es am Wahrscheinlichsten, dass entweder die letzte Ampel Rot war oder sie einsam sind..."

-

Essentiell für einen persönlich ist es zu erkennen wie Irre man ist, und dazu zu stehen!

-

Ich tue was ich will und für Richtig halte, das heißt aber nicht das ich mir alles erlaube.

-

Eine gute Bekannte von mir hatte einige Katzen bei sich Zuhause. Eine davon lag auf meinem Schoß und als ich sie streichelte bemerkte ich das das Tier das Winterfell verlor. Und Situativ bemerkte ich „Hey die haart ja..." darauf wies mich meine Bekannte hin „Ja, ist eine Katze!" darauf ich „und ich dachte immer das wäre ein Zebra...". Seit diesem Tag heißen eben diese schnurrenden Wesenheiten „Zebras".

-

Ich darf den Menschen ihre Angst nehmen, die denken die Natur geht kaputt, wenn wir so weiter machen. Die Natur an sich ist ein selbsregulierendes, sich ständig regenerierendes System. Was heißt das die Natur nicht kaputt gehen kann, wir können nur irgendwann nicht mehr in ihr leben.

-

Wenn du es nicht weißt und/oder auch nicht verstehst, warum bewertest du es dann?

Es gibt Dinge die sind zu schrecklich real. Jeden Tag springen sie hervor und erschrecken dich immer ein bisschen weniger. Manchmal ändern sie ihr Aussehen oder ihr Verhalten aber im Grunde sind es die gleichen Dinge. Es wird davon ausgegangen das der ultimative Problemlöser und Wegbereiter die Wege bereitet und alle Probleme wie von Zauberhand löst. Ganz einfach, wie von Zauberhand. Schwupps und weg sind sie. Er braucht nur mit den Fingern zu schnipsen und sie sind verschwunden. Einfach so, ganz leicht. Wie seichter Rauch im Wind. Logisch fällt es mir leicht und so weiter. Gewisse Dinge sind langweilig geworden. Mit gebleckten Zähnen springt der Vampir aus'm Eck hervor und will dein Blut saugen. Und? Was erwartet er jetzt?

„Hilfe ein Vampir!" Nein nein, schon lange nicht mehr. Der dämonische Poltergeist meiner Existenz ist zu einer Rauchschwade geworden die nur noch den Anschein von irgendwie irgendwas hat. Trotzdem Huste ich. Rauch bleibt halt Rauch. Alle schreien Zeter und Mordio weil sie meinen ich ersticke. Rennen herum wie die Hühner ohne Kopf. Keiner klopft, reicht mal Wasser oder stellt einen Ventilator auf. Und während ich so am husten bin fällt mir ein warum. Sie sind satt geworden, weil ich das normalerweise mache.

-

Übersetzung - „Alte, du hast einen Knall!"

Gemeint ist ein weibliches Wesen, dass mit mir schon eine beträchtliche Strecke an Gedanken/Gefühlen und sonstiger innerer und/oder äußerer Wegstrecke, nicht näher beschreibbarer Weise, zurückgelegt hat. Selbiges Weibchen vollzieht in einer mir bekannten Situation eine, für meine weitreichende Logik und meiner Lebenserfahrung, eine vollkommen unverständliche sowie Selbst-und/oder Fremd-schädigende/zerstörende Handlungsweise. Hierauf folgt von mir oben erwähnter verbaler Auswurf um sie und ihre Mitmenschen vor weiterem Schaden zu bewahren.

Menschen sind zu klein Gedacht
haben zu viel Großes in sich und sehen es nicht
Haben schöne Reiche und auch finstre weite Seen
Goldener Glanz des Besten
Wie die Schwerter des Schlimmsten
Kein Ding ist nur aus Licht gemacht
es braucht auch die Nacht in sich
Wer sie nicht kennt und ihre Stürme
der kentert viel zu Blutig an ihren Klippen
Reiche ihr aus deinem Licht die Hand
Sie hat Angst vor Dir
mehr als du vor ihr
Das Dunkle Schlimmste sind nur Menschen Wörter
Schließe Frieden mir dir und deinen alten Geistern
Sei Bruder und auch Schwester Dir
Blick hinein und Finden wirst du immer Dich
Denn es ist Gottes Blick zersprungen zu Anbeginn
Gefangen in den schärfsten Spiegeln
Schneiden das was du nicht sein sollst von Dir ab
damit du wirst was er für dich für einen Teil
gedacht
-

Dinge die man den Propheten nicht sagt
Dinge die uns die Propheten nicht sagen
Dingen die uns die Propheten sagten,
und die man uns nicht sagt

Die Geschichte von Katja Schniefsalz

Es begab sich zu einer Zeit in der ich mich wiedereinmal in die Hände der Halbgötter in weiß begeben hatte. An einem Abend an der eine Gesprächsrunde war, bei der auch Katja Schniefsalz anwesend war. Da ich sehr gelangweilt war und mich mit meinem Mobiltelefon spielte, bemerkte ich eine Erhebung der Stimme durch Katja. Ich konnte im ersten Moment nicht direkt aus der schrillheit der Stimme erkennen was sie meinte. Dann aber doch. Offenbar war jemand im Raum den sie kannte und der irgendwie, irgendwo und irgendwann einen Freund von Katja Schniefsalz nachhaltig geschädigt hatte. Für mich war so etwas Kindergarten, weil ich schlimmeres gewohnt bin. Aber zurück zu Katja die mit weiter gesteigerter Lautstärke sich ihren Ärger Luft machte. „Da sitzt er! Schaut's hin da sitzt er! Da ist er! Ich kann gar nicht hinschauen! Wenn ich dich bloß sehe! Wenn ich dich nur anschaue! Boah wenn ich dich bloß sehe! Ich kann die Gesicht gar nicht sehen! Und den Rest von Dir schon gar ned! Unerträglich dein Anblick! Wenn ich mit sowas wie dir nur in Sichtweite bin muss ich kotzen! Schaut's alle hin da sitzt er, der Depp!" und der sah eigentlich ganz normal aus nach allem was ich mitbekommen hatte. Auf alle Fälle dachte ich mir, da ich ihr bei diesem noch ziemlich massiven Problem helfen das schon gut zehn Minuten so ging und sagte kurz und doch etwas lauter als Katja „Dann schau nicht hin! Dann schau nicht hin und ignoriere ihn!" Dann durchforstete ich wieder die Untiefen meines elektronischen Begleiters. Irgendwie war jetzt Ruhe und ich konzentrierte mich wieder auf meinen elektronischen Begleiter. Dann hörte ich wie jemand aufstand, den Raum verließ, einige Schritte ging und dann ein dumpfes Fallen. Später des Abend brachte man mir nahe, das es Katja war. Meine kurze Äußerung muss sie derart überfordert haben, das sie aufstand kurze Schritte ging, zusammengebrochen ist und beschlossen hat ein Nashorn zu sein und von heute an hier nun längere Zeit zu Wohnen. Es gibt Dinge die lernt man halt nicht auf der Uniklinik. Und für diese Lektion waren alle anwesenden Ärzte und Pfleger auch mehr als erleichtert und dankbar. Was man mir später auch zubrachte.

Gott ist kein Spieler
sondern ein Uhrmacher

-

Im Fall der unseltenen Fälle, in denen ein weiblicher Teil meiner Verwandtschaft gewisses Mobiliar umzustellen wünscht, gibt es eine wiederkehrende Vorgehensweise die wie Folgt aussieht. Das Möbel ist in der Regel um die 50 Kilogramm schwer, sieht an dem Ort an dem es steht eigentlich ganz in Ordnung aus, soll aber nun seine neue Heimat am anderen Ende des Hauses finden oder in einem anderem Stockwerk. Aus visueller Erfahrung und Vorstellungskraft führe ich hier immer an, bevor der Einrichtungsgegenstand nur einen Millimeter bewegt wurde und die wochenlangen Kreuzschmerzen noch nicht Teil meines Alltags sind, der Schrank (oder was auch immer) sehe da wo es dann stehen soll echt Scheiße aus. Das weibliche Wesen führt zur Überzeugung an, dass ich nur zu Faul zum Arbeiten sei, und um weitere Eskalation akzeptiere ich diesen Eiwand. Nach gefühlten 10 Stunden umstellen steht das sauschwere Scheißteil endlich an dem gewünschten Ort. Zu meiner großen Verwunderung fällt dem weiblichen Wesen als erstes auf - „Stimmt, du hattest Recht, es schaut da wirklich Scheiße aus." und wir tragen das Teil wieder zurück....

-

FRAGT'S MICH NICHT,
ICH WILL'S NICHT WISSEN!

-

Einen Schraubenzieher zu bekommen,
zu einem Zeitpunkt in dem man nur Nägel hat,
heißt nicht das man niemals
im Leben auf Schrauben trifft.

Normal wie alle anderen ist eine Beleidigung.
Normaler als alle anderen eine Auszeichnung.

-

Alles Messbare und Nichtmessbare lässt sich unendlich verkleinern und unendlich vergrößern.

-

Lass dir nicht einreden, dass Liebe einfach sei. Zumindest nicht diejenige die in deinem Leben wirklich Bedeutung hat. Höre nicht auf die Welt, höre auf dich. Wenn die Welt spricht, sage „Ist es wichtig?". Und du wirst erkennen, dass all das was Bedeutung haben sollte, von einem Moment auf den anderen winzig klein im Schatten steht. Du wirst erkennen ob es wirklich Bedeutung hat oder nicht. Nein, bedeutende Liebe ist nicht einfach, sie ist es wert.

-

Warum die Menschen nichts von einer Art Rettung erfahren. Das hat zwei Gründe. Der eine ist, dass Gott den Menschen nicht ihre Verantwortung und den Lerneffekt den sie über ihre Existenz erfahren nehmen will. Der andere ist, die sogenannten geheimen Eliten in dem Glauben zu belassen sie hätten die totalen Kontrolle durch den Entzug der Hoffnung, und der Aufrechterhaltung durch Angst.

-

Die einen die sagen „Ja, dir fehlt doch nichts, führe doch einfach ein normales Leben." und die anderen die wissen was alles Teil meines Lebens ist und mich und auch sich selbst fragen „Wie hältst du das alles aus? Woher nimmst du die Kraft um weiterzumachen?". Antwort ist einfach, bin schlimmeres gewohnt und die Momentane Lage ist Kindergarten. „Wann machst du mal was für dich selbst?" „Noch nicht mal hier, noch nicht mal jetzt." Wobei ich hier nicht erwähne wer mich letzteres gefragt hat und wo...

Golden braune Locke
Solch wohlgeformt perfektes Rund
Lockst mich hin, lässt schmachten mich
Nährst meinen heißesten Hunger
Gibst unbeschreiblich Verlangen
nach diesem Mehr von allem Dir
Dein Kuss unbeschreiblich ewig süß-salzen
Dein Anblick zehrt an mir
lässt schwächen meine Dämme
Lässt alle bersten brechen
Sturmfluten ungezügelt schlingen
Immer mehr um mehr von deiner Pracht
Verzehren uns gegenseitig auf
Ich dein Sklav' und du die mein
Über Erdnussfeldern gehen Feuermeere
unter
und brennen mich nieder immer wieder
Bis nur noch Verlangen nach dir in mir lebt
Ergießen uns ineinander verschlingen uns
Werden zügellos
Ende Leer
Ich will mehr
immer mehr
von Dir
Du geiler erotischer Erdnussflipp

Eure Worte treffen mich nicht,
eure Messer schneiden mich nicht.
Doch ihre Worte treffen mich,
ihre Messer schneiden mich.

-

Es geht nicht darum wer ich bin,
sondern wer ich werde.

-

Wenn man lange genug improvisiert kommt irgendwann der
Tag an dem man genau weiß was man da überhaupt treibt.

-

ES KOMMT DARAUF AN
OB DU ETWAS MIT VORSATZ MACHST,
ODER
OB DU GAR NICHT MEHR WEIßT
WAS DU MACHST.

-

Löwenseelen gleich, lauern sie
dieser dumpfen Zeiten an den Wäldern.
Unzahl hoch, blicken sie
mit Sanftmut und vergehen,
auf mich Bleibenden.
Rühren mit lachenden, sachten
Goldbäckchen an mich.
Wärmen mich durch das Stumme
Versprechen des Wiedersehens
zu diesen hohen Tagen.
Warten eine weitere endliche Ewigkeiten
auf mich an zeitlosen Orten.

-

Manchen Menschen gibt Gott Liebe,
um aus Furcht, Ehrfurcht zu machen.
Einfach weil er diesen Menschen für alle Menschen
geschaffen hat.

Manchmal möchte man einfach nur schreien. Weil alles zu wundervoll oder zu furchtbar ist. Und dann fällt einem auf, dass man das innerlich die ganze Zeit schon getan hat,
und ist erstaunt wie still die Welt darüber ist. Es gibt einen Mensch in meinem Leben der hat ein Leben bei mir. Es ist einzigartig und wunderschön. Doch dieser Mensch sieht dieses Leben nicht aus Angst und Unsicherheit. Manchmal fürchten wir uns vor etwas das wir nicht kennen nur weil wir den Schmerz des Bekannten viel zu gewohnt sind. Man hat immer mehrere Leben.

-

Kennen sie das?
Nicht?
Seien sie froh!
Aber es hilft.
Ich verrate es ihnen aber
trotzdem nicht,
weil ich will das ihr Leben spannend bleibt.

-

Wenn es aus offensichtlichen vernunft-schweren Gründen keine Liebe ist, dann meist eine echt kranke Form des Stockholm Syndroms.

-

Jeder weiß, das er Zuhause nicht die Hosen anhat.
Und seit ich es ihm gesagt habe weiß er es selbst auch...
...denn ihr Geliebter muss wohl ein bellender Welcher sein,
der gerne Leinen trägt.

-

DAS SCHICKSAL
FRAGT NICHT
UM ERLAUBNIS

-

Treffen sich zwei Suizidüberlebende. Fragt der eine breit grinsend den anderen „Und? Wie ist dein neuer Therapeut so?" darauf der andere genervt aber ebenso breit grinsend „Genau wie der Alte. Hat mir gesagt das jeder Mensch einen freien Willen hat. Was sagt deine neue Wahrsagerin?" die Augen rollend antwortet der erste „Genau das Gleiche...."

-

Falls dir jemals richtig richtig langweilig sein sollte frag einfach immer wieder
„Was kann den jetzt noch schlimmer werden." Irgendwann hörst du damit freiwillig von selbst auf...

-

„Du hast meine Ehe zerstört!"
„Wenn das, was auch immer ich gesagt oder getan habe deine Ehe zerstört hat, dann war es keine Ehe sondern eine Zweckgemeinschaft!"

-

„Meine Alte ist so Blöd..."
„Warum hast du sie dann geheiratet?"
„Keine Ahnung, war besoffen..."
„Und warum bleibst du dann mir ihr verheiratet?"
„Keine Ahnung, bin besoffen..."
Ähm ja, erklärt vieles aber auch nicht alles...

-

Einmal sagte mein Lehrer zu mir "Die sich für deine Feinde halten fürchten weder die Macht deiner Worte noch die schärfe deines Schwertes. Was sie wirklich fürchten ist dein Herz das für die Menschen und Kulturen dieser Welt schlägt."

-

Mit fremdem Glück bin ich nicht glücklich, ich muss das Meine finden.

Sitze brennend und zerfließend auf
diesem meinem Thron,
blicke auf alle meine Reiche
allweit dar.
Mächtigste Armeen stehen zu meiner Rechten
Weise Männer Schar zu meiner Linken,
alle Macht ist mir gegeben
die Wächst dort immerdar.
Alle Heine singen hallend Lieder an,
In allen Hallen feirt ihr meine Siege.
Doch bei allem was ich heute weiß,
bin und habe,
deinen Willen habe ich nicht.
Ich kann Könige kreuzigen mit einem Atemzug.
Mit einem anderen Reiche stürzen.
Doch deinen Willen habe ich nicht.
Wir stehen in aller Ewigkeit geschrieben
mit unserer Liebe.
Mit meinem Leben, meinem Herz,
das ich dir schenke,
mit allem was du mir gebracht
durch deine Liebe.
Du hast es erweckt so gehört es dir.
Sein Schlag macht alles schweigen
voll erhabener Ehrfurcht.
Strahlt aus meiner Brust
blendet alles stumm.
Doch deinen Willen habe ich nicht.
Diesen habe ich nicht weil du mich liebst.
Weil all das was ich durch dich gebracht
an deinen Thron, du niemals wolltest.
Du wolltest keinen König,
keinen Kaiser, keinen Herrscher.
Keine Reiche, keinen Glanz,
keine Macht auf dieser Welt wolltest du.
Du wolltest immer nur mich.
Und deshalb liebe ich dich.

Karges, wärmstes Schluchten fuhr in mich.
Erwartende Aura, aus
ungenannt segnenden Schrecken,
lauerten um mich.
Sie war in mir, groß, warm
endlos schrecklich wundervoll.
Schoss flehend
an segnenden Momenten vorüber.
Diese verglühten unter der Allhitze
des gleissenden Ortes im Immerdort.
Es schrie singend an mir,
kratzte mit samtenen Pranken seinen Weg
von meinen inneren Kaisertümern hinaus
wurde salzene Segnung im Finsteren.
Ungekanntes trat an uns,
es riss in uns herum, wollte segnen.
Ewig altes Ätherwirren.
War immer um uns,
wir atmeten an alle Leben.
Den Besten,
wie den Schlimmsten Brüchen.

-

„Sieh mich doch an!" schrie sie mich mit Verzweiflung und Tränen an. „Das tue ich. Und ich habe nie etwas anderes getan. Es kann aber sein das du es verlernt hast. Vielleicht bin ich immer noch in deinem Leben um dich daran zu erinnern wer du bist."

„Mein Schüler, es wird dir einmal leichter fallen die Welt zu retten als die Liebe darin zu finden die du suchst. Aber du wirst das eine brauchen um das andere zu tun"

-

Ich bin der von dir gesalbte Minotaurus,
meiner samtgewordenen Labyrinthe.
Schnaube, Scharre, Stürme.
Breite meine Schwingen aus über unserer
Herzensfestung,
die wir uns schmiedeten
aus finsterer Stätte Tagen.
Mein Löwenherz brüllt allen Welten.
Deines Antwortet mir durch
alles Ewige das bröckelt nur.
Zu Neuen, allzeitigen Reichen mauern wir dies
alles auf.
Tanzend werden Kinderlachen durch alle Hallen
glänzen.
Heiliger Ruf wird eilen um die Welt,
sie erfüllen und reinigen.
Wir thronen schon an diesem Orte immerfort,
gestern, heut' und morgen.
Blick mit deinem Mut auf dieses Leben nur,
du bist schon dort.

-

DIE HARTEN KOMMEN IN DEN GARTEN,
MANCHE SIND ALS GÄRTNER GEBOREN.

Als rechts, in nebliger Nacht, das Stopschild winkend
an mir vorbeihuschte, wusste ich im Stillen,
die unmittelbare Zukunft birgt
unvorhersehbare Phänomene.

Als ich dann flog, durch unsichere Sichtlosigkeit,
war es mir als ob mich etwas
Warmes, infernal Versprechendes von innen her
zur gewissen Taubheit schlug.

Doch zu meiner größten Erleichterung empfing mich mit
größter Freude und wärmster Umarmung ein Feldweg,
der schon dort auf mich wartete
wo ich ihn nicht vermutete.

-

Wenn ich meine Ruhe haben will sage ich,
dass ich meine Ruhe haben will.
Und so heißt es, weil man seine Ruhe haben will.
Wäre es anders, würde man es auch anders nennen,
zum Beispiel der dauerhaft Kunterbunte Juxknall!

-

„Hey, weißt du was dir bei deiner kreativen Arbeit
wirklich weiterhelfen würde?" fragte mich ein Bekannter
„Magische Pilze!" Schlug er im nächsten Atemzug vor.
„Nein," sagte ich "Das würde mein Leben höchstens
Normailsieren und zu vieles erklären."

-

Fragte ein Superheld den anderen

„Warum sollte man eine Welt retten,
die jeder auf seine eigene Weise ablehnt?"

Das Ziel heißt Käsekuchen!

Und es geht los. Der Erste kippt Mehl in die Schüssel. Der Zweite haut eine Hand voll Salz rein. Der Dritte sagt, dass das zu viel ist und kippt ein Glas Fenchelhonig nach. Es soll ja was Süßes werden. Aber nicht zu süß, zum anderen hat auch gar keiner Husten, darum haut der Nächste ein Pfund Hackfleisch nach. So und Muskat, ganz wichtig, Muskathaut der Nächste aber nur eine Prise dazu. Und Chili nicht vergessen, aber in Flocken! Meint der andere, der eigentlich der Meinung seines Vorgängers ist, er will nur etwas Pepp haben. Trotzdem, ganz wichtig ist es immer noch (weil es ja Käsekuchen werden soll), gehört in die Mischung Sahne mit hinzu. Das Blöde dabei war nur, weil der „Kochende" recht kurzsichtig ist, dass er saure Sahne nimmt. Dann wird zwischendurch mal abgeschmeckt. Und es wird erkannt, von den Randgruppen einstimmig, es fehle Paprika Edelsüß. Diese wissen sie sollen Würzen, von der selbigen Handlung aber im Fall des Käsekuchens keine Ahnung haben und daher auch eine ganz andere Vorstellung davon, kommt eben ein halbes Kilo Curry mit rein. Trotzdem soll es immer noch Käsekuchen werden und so kommt noch eine Prise Puderzucker über das ganze. Es sollte hier erwähnt werden, dass die meisten mit verbunden Augen arbeiten und obendrein gar nicht hören vom Kunden, wie der Käsekuchen schmecken soll. Egal, denn es geht weiter, denn man hat den Pfeffer, in ganzen Körner vergessen. Weil man ja kocht und es soll ja schön würzig werden. „Würzig?" meint der nächste und haut fünf Säcke Kardamom und Ingwer mit rein. Und drei Blatt Zitronenmelisse ums abzurunden... „ Du hast ja einen vollkommenen Knall! Es soll Kuchen werden!" und so haut der nächste Kirschwasser drüber und nichtentsteinte Kirschen. Weil die Tante Emma immer mit Kernen kochte! Aber weil keiner die harten Scheissteile in der Pampe haben will lutscht er Kirsche für Kirsche selbst aus und wirft das Fruchtfleisch, dass er nicht halbabsichtlich selbst isst, in die Mischung. Ich könnte hier ewig so weiter machen. Mit anderen Worten, es wird viel werden, aber nie richtiger Käsekchen. Und nun betrachten wir die Politiker in unseren Ländern...

Außerdem

von

Jack B. Smith

erschienen

<u>Modera</u>

Wenn sie annehmen würden, Streifen zu sehen.
Daraufhin der festen Überzeugung sind, es sei ein
Zebra. Dann unumstößlicher Meinung sind, sie wären in
Afrika.
Welches Tier muss es sein, wenn es Streifen hat?
Es könnte ja auch der Schatten von Gras auf etwas
deutlich größerem gewesen sein...

Teilweise Autobiographisch, teilweise Philosophisch,
Teilweise seelische Mythologie.

(erschienen 2013)

Liebling, das Gras ist blau genug!

Kennst du diese Leute, die einem immer sagen, du müsstest von deiner schlimmen Alten weg, und sie suchen dir eine Neue und du dann nie wieder etwas von ihnen hörst. Ich weiß auch, was mit denen passiert ist. Die haben die Neue gefunden und es nicht überlebt. Seit ich eine gewisse Person in meinem Leben habe, ist auch diese innere Stimme weg, die mir etwas Besseres prophezeit. Aber seit ich sie nicht mehr höre, ist da so ein schwingendes quietschendes baumeln...

Über einen heiligen Fluch in meinen Leben, genannt Liebe.
(erschienen 2015)

Hey, Zwangsnormalität!

Der größte Verbrecher war nicht der, der als erstes sein Grundstück einzäunte, sondern der der den Menschen angefangen hat vorzuschreiben was Normal sein muss. Das gefährlichste Wort auf der Welt lautet Normalität!

Über die vermittelte Normalität, mein Leben, Erfahrungsberichte, Gedanken...
(erschienen 2016)

Der Vogelanbeter

Ich bin lieber mit
Anlauf anders
als mit
Gewalt gleich.

Dieses Buch ist
eine Schatzkiste
mit vielen Teilen
meiner Welten...

Texte zum Lachen, träumen und Nachdenken.
(erschienen 2017)

Das weiße Kreuz

Es gibt Religion und etwas, das mehr darüber
hinausgeht. Etwas jenseits davon. Tief in jedem
Menschen. Einen Glauben, den einem das Leben an
sich lehrt. Mensch, du bist eine eigene Kultur, glaube an
Dich. Du bist meine Religion.

Gedanken zu Religion und Glauben.
Einsichten und Ansichten.
(erschienen 2017)

Das wärmste Schicksal

Du bist das wärmste Schicksal
das ich je gekannt.
Der Herze Blume wächst an jedem
Moment an dem Du bist.
Füllt aus bodenlosen Krügen Leere.
Und befiehlt allen Tönen, die schreiend
im Schmerz meiner Seele wohnen,
schweigen.
Balsam dein Blick, dein Lächeln dringt wie
heiliges Licht tief in mich,
lässt mich alles vergessen was war.
Du bist immer bei mir.
Du tust mir gut.
Ich liebe und glaube an dich

Ein Mensch kann dein Leben absolut und von heute auf
morgen ändern... Ich liebe Dich. Du bist immer bei mir...
(erschienen 2017/18)

Wohnräume

Erfahrungen und Gedanken über Gesellschaft,
Familie und Selbst
(erschienen 2017)

Worüber Eremiten schweigen

Eine fiktiv poetische
Liebeserklärung eines Eremiten an die Einsamkeit

Eine Reise durch weite Welten...
(erschienen 2017)

Sänge einer finsteren Stätte

Funken sprühen und eine kleine Flamme am Ende
eines Streichholzes wird von alten, knochigen
Fingern in sein zum Vergehen bestimmtes, viel zu
kurzes Leben gezwungen. Ein weißes, altes
Gesicht bekommt nur durch die Flamme eine
Wärme in seinen harten, kargen Zügen. Wie die
Flamme viel zu kurz. Langsam und zittrig nähert
sich das Flimmerlicht ...

Fantasy/ Horror Kurzgeschichten
(erschienen 2017/18)

Hallo mein Name ist Bob...
... und ich brenne gerade.

Jemanden zu fragen wie es ihm geht ist schön und gut. Nur sollte man sich vergewissern ob er nicht normalerweise brennt. Denn dann klingt die Frage für ihn nicht nach wirklicher Angst um ihn, sondern mehr nach "Hast du es schön warm?"
Einer davon ist Bob.
Stress im Job ...
... schwierige "Ehen" ...
... und dann natürlich noch diese eine Sache über ihn ....

Fantasy Komödie Teil 1#
(erschienen 2017)

Hallo mein Name ist Bob...
...und ich fliege gerade.

Dann denke ich wieder es ist eigentlich die ideale Gegend, um in der Konstellation zu wohnen. Nachwachsende Flora und Fauna ... also irgendwie zumindest. Keine Nachbarn. Ähm ... mehr ... also zumindest keine, die irgendjemand vermissen würde. Ich heile wieder und die restliche Familie ist feuerfest. Eigentlich ideal ... Normalität?

Fantasy Komödie Teil 2#
Erschienen 2018